RECIT VERITABLE, MERVEILLEVX ET ESPOVVENTABLE D'VN BLASPHEMATEVR du Sainct Nom de Dieu

Lequel pour auoir mesprisé le S. Sacrement de nostre Mere Saincte Eglise a esté emporté du diable à la veuë de tout le peuple le 4. Ianuier 1627. en la ville & Cité d'Ancosne, prez Nostre Dame de Lorette.

Traduit d'Italien en François.

Iouste la coppie imprimee à Lyon.
A PARIS,
Chez Iean Bessin, ruë de Reims prés le College.
M. DC. XXVII.

DISCOVRS MERVEILleux & espouuentable d'vn plasphemateur du Sainct Nom de Dieu.

IL ne faut s'estonner si Dieu nous chastie de tant de sortes de fleaux & nous enuoye tant de miracles, affin de nous amender, mais au contraire, nous rendurcir à nos pechez, & en faisons trophées, & ne prenons garde qu'vn iour il faudra comparoistre deuāt ce grand Iuge general, auquel il faudra rendre conte de tout, & de poinct en poinct. Helas! Messieurs ayons donc esgard, & considerós que ce monde d'icy bas n'eſt rien, & que ce n'eſt qu'vne vallée de miſeres, ayons eſgard que la mort corporelle n'eſt à comparer à la vie ſpirituelle. Prenons donc eſgard à ce poinct, & ne faiſós pas comme ce miſerable, duquel eſt parlé cy apres, lequel faiſoit iournellemét trophées de ſon miſerable peché. Et en fin a reçeu ſon ſalaire ſelon ſon demerite, Enſuiuons donc les Commandemés de Dieu, leſquels il nous a donnez, à fin de nous inſtruire, mais il y en a beaucoup qui n'en font compte, & qui les negligent. Mais tout ainſi qu'ils les negligent, Dieu les negligera, quand viẽdra au derniers iours qu'ils paroiſtront deuant ſa face, eſtãt à ſon troſne Royal: Car Dieu a dict de ſa bouche, que quiconque prendra ſon nom en vain, il tiendra ice luy coulpable. Et meſſieurs, nous voyons tant de miracles tous les iours, & meſmes en demãdez vous vn plus grand, & plus eſtrange que celuy de maintenant; lequel eſt arriué en la ville & cité d'Ancone 15. mille pres de noſtre Dame de Lorrette le 4. de Ianuier dernier, 1027. Or eſt il, qu'en icelle Cité, y auoit vn homme de quelques moyens, lequel eſtoit adonné au vice de blaſpheme, & eſtoit fort couſtumier à renier le nom de Dieu, tellemẽt qu'il en auoit eſté reprins vne fois par la Iuſtice, & neantmoins il ne s'en pouuoit garder & continuoit touſiours à ce miſerable peché, lequel peché eſt irremiſſible. & iceluy qui en faict rriõphe, eſt maudit de Dieu, s'il ne ſe corrige, bien que tous ne valent rien, & n'y a peché ſi effroyable que celuy cy: mais d'iceux pechez il n'en viẽt aucun profit ny delectation. Encor le larron a profit & plaiſir quelque tẽps de ſon vol, ou larcin, vn paillard a plaiſir en ſa paillardiſe: mais d'iceluy blaſpheme il n'en viẽt aucun plaiſir. Et Dieu ayant iceluy eu cœur, par deſſus tous. Ce miſerable eſtant à la place d'icelle Cité, il y auoit vn marchand, lequel eſtoit Venicien, du pays de Veniſe, & vendoit quelques pierreries, auec autres marchandiſes, & entre autres il auoit quelques pieres fines, deſquelles il ſçauoit le cõpte. Ce miſerable vient & commence à manier ces pierres, & les marchande, faiſant feinte d'en vouloir achepter, & en prendre quelques nombres, tellemẽt que le marchãd se doubtoit aucunement de ce miserable hõme, pensant qu'il ne luy voudroit faire aucun tort, & mesme voyant qu'il estoit assez bien en ordre, pensoit en luy mesme que c'estoit quelque bon personnage, & hõme de bien, & s'abusoit à parler à d'autres qui marchandoient sa marchandise, tellement qu'ayãt faict il commença à demander à cest homme s'il vouloit ces pierres qu'il manioit, le quel luy fist respõce qu'il estoit content, s'il luy en vouloit faire la raison: Mais iceluy auoit prins & caché le nombre de cinq desdictes pierres, tellement que ce fut la cause de quoy il ne peut conuenir de prix, & incontinẽt se voulut separer: mais le marchãd fut fin, & mesme se doubtoit aucunement, il commença à compter les pierres, & ne trouua point ſon compte, commence à dire à cet homme; monſieur, rendez moy les pierres que vous m'auez priſes, il y a faute de cinq, ie vous prie de courtoiſie me les rendre, & ne me donnez peine dauantage, car vous les auez. Et ayant dit ces paroles, le miſerable homme commence à luy dire qu'il ne les auoit pas, & qu'il n'en auoit point, tellemẽt que le peuple s'amaſſit autour de luy & commença à faire pluſieurs ſermens qu'il les auoit remiſes, en iurant, & blaſphemant le Sainct nom de Dieu, neantmoins, le marchand ſçauoit bien le contraire; & eſtoit bien de aſſeuré ſon faict, & qu'il les auoit, qu'il ne les auoit pas remiſes, & diſputoit fort & ferme:

me : tellement que celuy qu'auoit prins les pierres, lequel estoit plain de blasphemes, & qui estoit si bien accoustumé à renier le nõ de Dieu qu'il ne s'en pouuoit garder, commence, à faire deuant vne infinité de peuple, lequel c'estoit amassé autour d'eux, en disant par ses termes. Ie renie Dieu, & me donne à tous les diables d'enfer au cas que ie ne les aye remise : Et iceluy miserable n'eust iamais si tost acheué la parole que le diable subtil & meschant ne s'empare de son maudit corps, & mesme de son ame : & incontinent en la presence de tout le peuple le fit mourir, & creuer par le milieu du ventre, & tomba mort estendu sur la place, tellement que le monde tout espouuanté de voir ce miserable, de la façon qu'il estoit. Et n'y auoit homme tant hardy fust-il, à qui les cheueux ne dressasse en la teste, le voyant en ceste horrible façon & miserable estat, faisant peur à tous ceux qui le regardoyent.

Car il auoit premierement la langue tirée hors de la bouche d'vn grand demy pied de long, grosse enflée noire comme fer ; le col & la bouche torce, mesme auoit le ventre creué, qui causoit la plus grande horreur pour la puanteur que iamais homme viuant sur terre eust senty. Ce n'est pas tout, car comme le diable eust emporté l'ame d'iceluy corps, il ne fust content, & le reuient prendre deuant tout le peuple, & mesme deuant ses parens & amis : car à l'instant que le peuple eut veu ce miserable effect, alors l'on va aduertir sa femme, laquelle vient promptement; mais estant pres d'iceluy le Diable auec vne foudre & tempeste, enleue ce miserable corps & priue icelle femme de le toucher ny mesme de le voir. Voila dōc comme le diable a eu le corps, & l'ame de ce miserable pecheur, & comme Dieu veut punir ceux qui n'ont esgard à ses commandemens? car ceux qui le delaissent il les delaisera. Il faut donc messieurs auoir esgard aux commandemens de Dieu, & le prier à toute heure, & ne l'oublier iamais, car le priant il luy souuiendra de nous, & aura esgard à nous, & ne serons pas comme ce miserable, lequel l'auoit du tout delaissé, le blasphemant & maugreant de tous costez, aussi il à reçeu ce qu'il meritoit. Helas messieurs, il y en a qui font gloire de blasphemer le nom de Dieu, & qui ne se soucient pas de l'offencer, & ne leur est pas aduis qu'il font peché si grand qu'ils font, mais ils n'en sçauroyent faire vn plus grand. Ie vois maintenant les enfans lors qu'ils peuuent parler seulement il vous iurent vne mort, vne sang Dieu, les peres & meres leur permettent & endurent & ne font que rire, & gosser: mais viendra vn iour que l'offense vous sera bien remise deuant les yeux, & ne sont pas les enfans qui porteront le peché, ce seront les peres & les meres de ce qu'ils ne les ont chastiez en leurs ieunesses. Et l'on dit commnnement qu'il n'est que de plier le bois tandis qu'il est ieune : car comme il est grand & fort, il rompt plustost que de ploier, aussi de mesme vos enfans. Donc tandis qu'ils sont ieunes chastiez-les. & leur monstrez à seruir & craindre Dieu, & ne faictes cõme l'on a faict à ce miserable, auquel on n'auoit iamais aprins que de viure en sa liberté, & ne s'estoit iamais adonné à autre chose qu'au vice de blasphème, & Aussi vous auez veu comme il a receu son payement & salaire, & le tout par la permission de Dieu. Voila donc messieurs, comme nostre bon Dieu nous demonstre ces miracles, à fin de nous seruir d'exemple, & pour nous donner subiect de nous amender, & nous retirer vers sa bonté à fin que nous puissions auoir la grace d'acquerir sa misericorde, & estre vn iour heritiers du Royaume celeste auec les bien-heureux pour eternellement viure à iamais. Ainsi soit-il.

FIN.

www.ingramcontent.com/pod-product-compliance
Lightning Source LLC
LaVergne TN
LVHW012024170826
845678LV00004BA/1629

* 9 7 8 2 3 2 9 6 3 1 6 9 1 *